Petra Cnyrim

LIFE HACKS

Überraschende Ideen, die dein Leben einfacher machen

riva

Bibliografische Information der Deutschen Nationalbibliothek
Die Deutsche Nationalbibliothek verzeichnet diese Publikation in der Deutschen Nationalbiblio-
grafie. Detaillierte bibliografische Daten sind im Internet über http://dnb.d-nb.de abrufbar.

Für Fragen und Anregungen:
info@rivaverlag.de

1. Auflage 2015

© 2015 by riva Verlag, ein Imprint der Münchner Verlagsgruppe GmbH,
Nymphenburger Straße 86
D-80636 München
Tel.: 089 651285-0
Fax: 089 652096

Redaktion: Werner Behrens
Umschlaggestaltung und Layout: Laura Osswald, unter Verwendung von Shutterstock und iStockphoto
Umschlagabbildung: Laura Osswald
Abbildungen im Innenteil: © Petra Cnyrim, Abbildungen auf S. 38, 40 und 76: Shutterstock
Satz: inpunkt[w]o
Druck: Interpress Kft., Ungarn
Printed in the EU

ISBN Print 978-3-86883-580-9
ISBN E-Book (PDF) 978-3-86413-771-6
ISBN E-Book (EPUB, Mobi) 978-3-86413-772-3

Weitere Infos zum Thema:

www.rivaverlag.de

Gerne übersenden wir Ihnen unser aktuelles Verlagsprogramm.

Vorwort

Zeit ist heutzutage nicht nur Geld, sondern beinahe schon purer Luxus. Und gerade weil es überall darum geht, alles so schnell und effizient wie möglich anzupacken, ist es immer hilfreich, ein paar kleine Tipps zu bekommen, die das Leben erleichtern. Ein wesentlicher Punkt dabei ist, dass diese Tipps aber auch sofort umzusetzen und dabei leicht und kostengünstig zu erwerben sein sollten. Außerdem müssen sie einfach zu verstehen und zu nutzen sein. Denn wem hilft ein Trick, der nicht funktioniert?

Aus diesem Grund sind mir die momentan so populären Life Hacks aufgefallen, denn sie sind ebendiese einfache und günstige Lösung für viele der so lästigen Alltagsprobleme.

Es geht darum, Zeit und Neven zu sparen, indem man sich mit Dingen, die beinahe jeder Mensch in seinem Haushalt findet, das Leben ungemein erleichtern kann. Das Wichtige ist nur die Idee. Und genau diese Ideen habe ich in diesem Buch gesammelt und zuvor ausprobiert. Die pfiffigsten und hilfreichsten habe ich fotografiert und beschrieben. Das heißt, diejenigen Life Hacks, die sich hier finden, haben den Laientest überstanden und stellen eine echte Hilfe dar.

So bleibt mir nichts weiter zu sagen als: Los geht's und viel Spaß!!

INHALT

Aufbewahrung von Putzmitteln

Als kindersicherer Aufbewahrungsort für Putzmittel bietet sich auch hervorragend ein hängendes Schuhregal an. Und man behält den Überblick!

Schlüsselversteck Tannenzapfen

Ein guter Trick, um einen Ersatzschlüssel zu verstecken, ist eine Medikamentendose, die man in jeder Apotheke erhält. Klebe einfach einen Tannenzapfen auf den unteren Teil, verstaue den Schlüssel in der Dose und vergrabe das Ganze im Garten. Achte dabei darauf, dass der Tannenzapfen sichtbar bleibt. So hast du ein prima getarntes Versteck für deinen Ersatzschlüssel, denn selbst wer diesen Trick kennt, hätte zu viel zu tun, alle Tannenzapfen in deinem Garten umzudrehen.

DVD-Regal

Damit die zweite Reihe der Bücher oder DVDs im Regal nicht hinter der vorderen verschwindet und du immer alles weg-räumen musst, wenn du an die hinteren herankommen willst, brauchst du nur einen simplen Schuhkarton. Wenn du die hintere Reihe auf ihm aufstellst, hast du den Überblick!

Kleenex-Box für Tüten

Endlich ein schlauer Aufbewahrungsort für all die Einkaufstüten. Das Chaos ist gebannt und die Umwelt dankt es auch. Sobald eine der Kosmetiktücher-Boxen leer ist, kannst du sie mit den Tüten befüllen und die dann auch ganz bequem wieder herausziehen.

Aufgehängte Schachteln in der Küche

Mehr Überblick und Organisation in der Küche! Durch Schachteln und einfache Pinnwandnadeln oder Reißzwecken. Du kannst so viele davon aufhängen, wie du willst. Das Einzige, was du dazu brauchst, sind die Pinnwandnadeln. Wenn du sie in die Innenseite der Schranktüren heftest, verschwinden die Schachteln der Küchenutensilien beim Schließen der Türen gleich mit. So hast du Alufolie, Backpapier und Co. immer aufgeräumt und griffbereit!

Jeans am Haken

Einfache Duschhaken sind die perfekte Lösung, um deine Jeans ordentlich und gut erreichbar aufzubewahren! Und dazu ist es schön anzusehen. Jede Hose ist sofort zu sehen und griffbereit – kein Wühlen mehr im Schrank, bei dem zerknitterte Teile zum Vorschein kommen!

Hemden bügeln

Das Bügeln der Knopfleiste bei Hemden ist oft eine umständliche Angelegenheit. Mach es dir einfacher – drehe das Hemd auf die linke Seite, dann sind die Knöpfe nicht mehr im Weg.

Ladekabel mit Spiralfeder

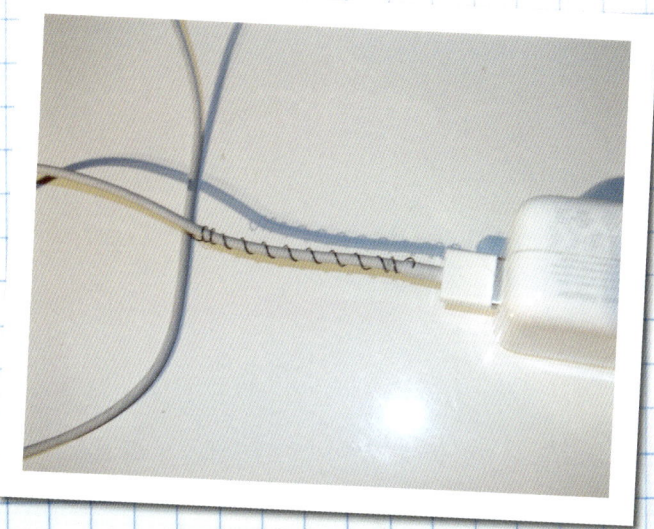

Eine Feder aus einem alten Kugelschreiber, um das Ladekabel herum angebracht, hilft Knicken oder Rissen vorzubeugen. Der Anfang ist etwas schwierig, aber wenn du die Feder weit genug aufbiegst, geht es leichter.

Bunte Schlüssel mit Nagellack

Damit das Suchen vor der Türe ein Ende hat und du dir gleichzeitig das Geld für Schlüsselhütchen sparst, kannst du die Schlüssel mit verschiedenen Nagellackfarben anmalen. Verwechslung ausgeschlossen!

Ladekabel aufbewahren

Deine Kabel bleiben in Zukunft ordentlich aufgerollt und vor allem getrennt voneinander, wenn du sie in einer Toilettenpapierrolle verstaust. Du kannst davon so viele machen, wie du brauchst. Wenn du fertig bist, stellst du sie nebeneinander und aufrecht in einen Karton – und schon hast du Ordnung und Überblick geschaffen.

Das funktioniert auch mit längeren Kabeln. Dazu rollst du es nicht so eng wie die kleinen und lässt ein Stück auf beiden Seiten der Rolle überstehen.

Brillen am Kleiderbügel

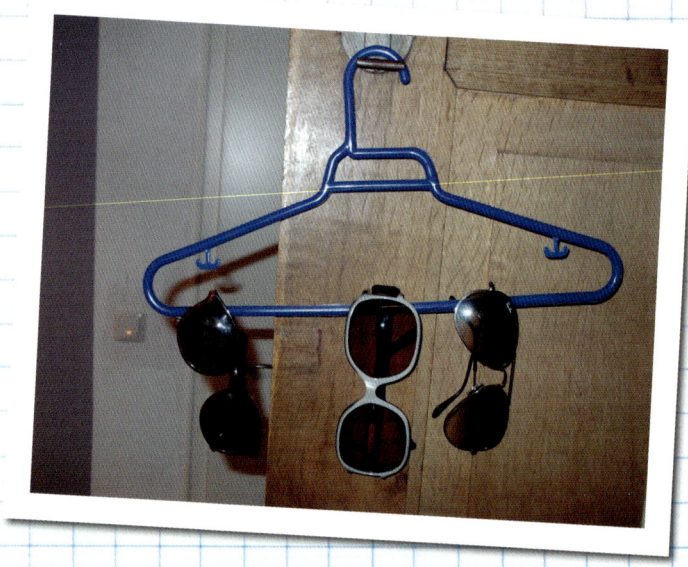

Damit du deine Brillen immer gleich griffbereit hast, hängst
du sie am besten über einen Kleiderbügel. Gerade mit bunten
und ausgefallenen Sonnenbrillen hast du obendrein ein lustiges
Wohnungsaccessoire.

Ohrringe aufbewahren I

Eine bessere Variante, als deine Ohrringe durcheinander in einer Schatulle aufzubewahren, ist es, sie auf Knöpfe zu stecken. So bleiben die passenden Paare immer zusammen und die kleinen Verschlüsse können nicht mehr verloren gehen.

Ohrringe aufbewahren II

Eine Küchenreibe kann nicht nur ein ausgefallenes Detail in deiner Wohnung sein, sondern ein perfekter Aufbewahrungsort für deine Ohrringe. Wenn du möchtest, kannst du die Reibe auch an einer dekorativen Schnur aufhängen.

Pröbchen im Glas

Damit du wieder einen Überblick über deine Pröbchen hast,
bewahre sie am besten in einem verschließbaren Glas auf. Und
dadurch, dass du sie immer vor Augen hast, werden sie auch
nicht in Vergessenheit geraten. Vergessliche Gäste werden
zudem sehr dankbar sein ...

Kleiderbügel mit Gummi

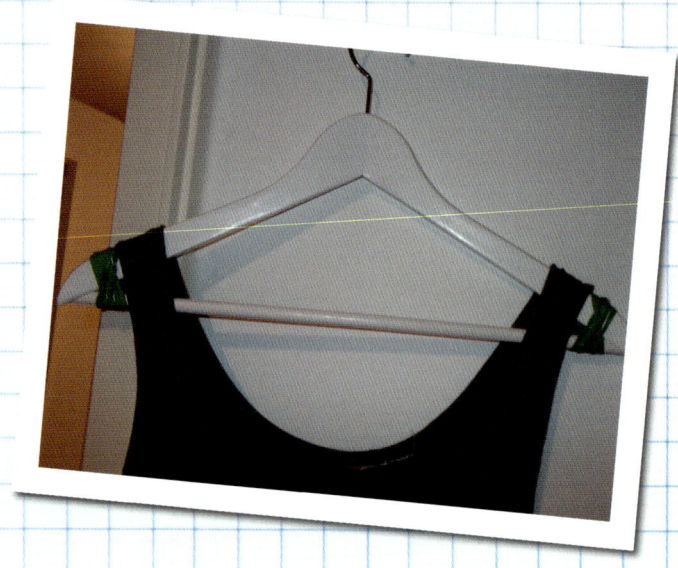

Weite Kleidung oder Kleider rutschen oft vom Bügel. Wickle an jedes Ende des Bügels ein dickeres Haushaltsgummi, dann bleibt alles an Ort und Stelle.

Brotverschluss als Kabelbinder

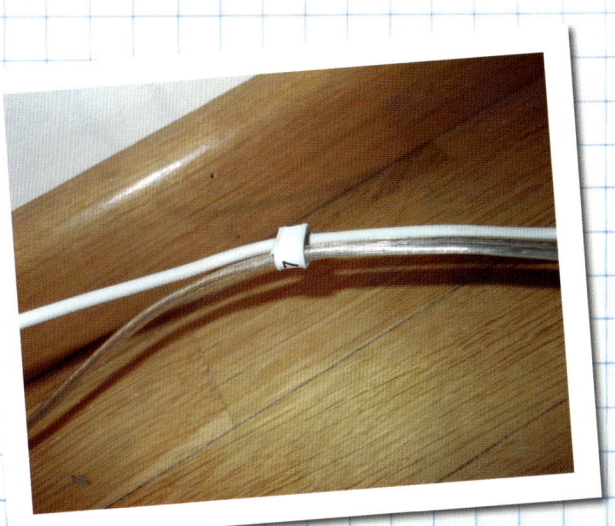

Der Verschluss einer Brottüte eignet sich ganz hervorragend
dazu, Kabel zusammenzuhalten!

DU BIST, WAS DU ISST

Kleiderbügel als Lesehilfe

Eine einfache Lösung für die Lektüre in der Küche oder für die Handhabung der Rezepte beim Kochen ist ein solcher Kleiderbügel. Wenn du ihn an einem Griff der Küchenschränke aufhängst, steht der fettfreien Lektüre in der Küche nichts mehr im Weg. Es fällt nichts mehr um und du hast sogar noch die Hände frei zum Kochen.

Eis mit Tropfhütchen

Kinder können ihr Eis meistens nicht so schnell essen wie
Erwachsene. Das Ergebnis sind klebrige Flecken auf Kleidung
und Möbeln. Dieser einfache Tipp hilft, das zu verhindern: Schiebe
ein Papierförmchen für Muffins von unten über den Eisstiel, und
schon hat jedes Kind alle Zeit der Welt, sein Eis zu genießen.

Eierschale entfernen

Ein Stück Eierschale ist beim Aufschlagen mal wieder mit in die Schüssel gefallen? Kein Problem! Du kannst ganz einfach den kleineren Teil der Schale dazu benutzen, um das lästige Stückchen aus der Schüssel zu befördern. Und das Ganze geht sogar so, dass das Eigelb nicht beschädigt wird.

PS: Dieser Life Hack stammt schon aus den Zeiten unserer Großeltern!

Salat frisch halten

Um deinen Salat frisch zu halten, solltest du ihn waschen
und danach trocknen. Wenn du ihn dann in eine Tüte gibst, sie
aufbläst und fest verschließt, hält der Salat wesentlich länger.
Ein zusätzlicher Vorteil dieser Methode ist, dass du den Salat
schon vorportionieren kannst, dann hast du immer bereits
gewaschenen Salat griffbereit.

Gefrorene Gewürze

Um frische Gewürze in ihrem Zustand zu halten, benötigst du eine Form zum Eiswürfelmachen und Olivenöl — fertig. Zupfe die Kräuter ab und lege sie in die Form, dann etwas Olivenöl dazugeben und schnell in das Gefrierfach. Sobald alles gefroren ist, kannst du die portionierten Stückchen nutzen. Die Kräuter bleiben frisch und können zum Beispiel direkt in die Pfanne zugegeben werden.

Du kannst natürlich auch, wie hier auf dem Bild, verschiedene Dinge gleichzeitig einfrieren und damit gleich den nächsten Life Hack testen.

Eis aus Joghurt

Eine einfache und günstige Freude kannst du Jung und Alt bereiten, indem du Partyspieße oder Holzstäbchen (genauso gut eignen sich auch die kleinen Gabeln, mit denen man Pommes frites isst) in Joghurt stichst. Dann stellst du die Joghurts in die Tiefkühltruhe. Nach kurzer Zeit hast du ein wohlschmeckendes und dazu gesundes Eis gezaubert.

Eiertest im Glas

Wer kennt das Problem nicht: Man hat noch Eier im Kühlschrank, weiß aber nicht, wie alt sie sind und ob man sie noch essen kann. Mit diesem Trick bist du immer auf der sicheren Seite! Du brauchst nur ein Glas und Leitungswasser. Fülle das Glas mit Wasser und lege das Ei hinein. Wenn es am Boden liegen bleibt, ist es noch ganz frisch. Hebt es sich ein Stück vom Boden ab, ist es auch noch völlig in Ordnung und genießbar. Erst wenn das Ei nach oben schwimmt, solltest du es nicht mehr benutzen.

Zahnseide zum Kuchenschneiden

Zahnseide erleichtert dir die Arbeit in der Küche. Weiche Lebensmittel wie Kuchen oder mancher Käse, die so gerne am Messer kleben bleiben, können ganz leicht und exakt mithilfe der Zahnseide geschnitten werden. Achte darauf, dass du die Zahnseide nahe am Kuchen etc. anfasst, dann hast du mehr Druck und kannst besser „navigieren".

Teigflasche

Mit diesem Trick schlägst du gleich drei Fliegen mit einer Klappe:

- Du machst nur einmal den Teig für Pfannkuchen und kannst jederzeit darauf zugreifen.
- Der Teig gelangt ohne Kleckern sauber in die Pfanne.
- Du sparst dir die ganze Aufräumarbeit, die sonst jedes Mal aufs Neue auf dich zukommt.

Das Einzige, was du dafür brauchst, ist eine leere, gesäuberte Ketchupflasche.

Wein stilvoll kühlen

Wenn du deinen Wein kühlen willst, ohne ihn am Ende durch schmelzende Eiswürfel zu verwässern, kannst du das mit Weintrauben erreichen. Für Weißwein nimmst du weiße Trauben und für Rotwein rote. Lege sie in die Tiefkühltruhe, bis sie gefroren sind, und danach in dein Glas. Der Wein wird oder bleibt kühler, kein Wasser tritt aus und du kannst die Trauben, wenn das Glas leer ist, verspeisen. Ein echter Hingucker auch für Gäste.

Ingwer schälen

Hiermit hat das lästige Ingwerschälen ein Ende! Du brauchst dich nicht mehr mit einem Messer um die Knospen der Ingwerknolle herumzuärgern. Benutze einfach einen Teelöffel! Es geht einfach und schnell! und die Gefahr eines Schnitts in den Finger ist auch gebannt. Das Ganze funktioniert übrigens auch mit einer Kiwi!

Überkochen vermeiden

Wenn du Wasser in einem Topf zum Kochen bringen willst, ohne ständig ein Auge darauf werfen zu müssen, dass es nicht überkocht, musst du nur einen Kochlöffel aus Holz quer über den Topf legen. Das Wasser bleibt im Topf und du ersparst dir viel Arbeit.

Zitronen pressen

Um den ganzen Saft einer Zitrusfrucht zu bekommen, ist es das Beste, wenn du die Früchte, bevor du sie aufschneidest, mit der flachen Hand und etwas Druck hin und her rollst. Dadurch platzen die Zellkammern auf und der Saft kann leichter austreten.

Geriebene Butter

Wenn es beim Backen mal wieder schnell gehen muss, ist es einfacher, die Butter über ein Reibeisen im Mehl zu verteilen. Auf diese Weise lässt sie sich besser rühren und schmilzt schneller.

Kristallklare Eiswürfel

Wenn du komplett durchsichtige Eiswürfel haben möchtest, nimm gekochtes Wasser. Durch den Kochvorgang erreichst du, dass die Eiswürfel nicht trübe werden.

Zucker mit Marshmallows

Endlich hat das Kratzen im Zuckerglas ein Ende! Gerade brauner Zucker saugt schnell die Feuchtigkeit der Umgebung auf und wird hart und klumpig. Um ihn wieder zu genießen und das vor allem in der Dosierung, die du wünschst, und nicht in Klumpen, benötigst du nur ein paar Marshmallows. Lege sie in die Zuckerdose und verschließe sie luftdicht. Die Marshmallows ziehen die Feuchtigkeit aus dem Zucker und halten ihn so trocken und streufähig.

Kerngehäuse entfernen

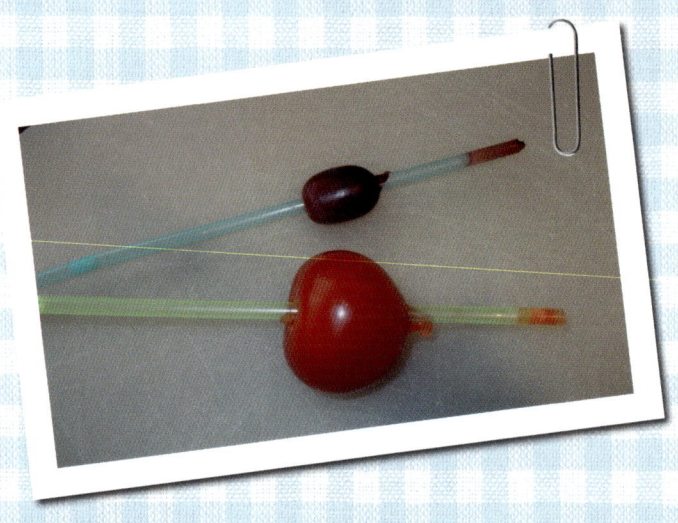

Das lästige Ausschneiden und Pulen der Kernhäuser von Tomaten und Trauben kannst du dir ersparen, indem du mit einem Strohhalm genau in die Mitte stichst, bis er auf der anderen Seite wieder herauskommt. Es geht mit ein bisschen Übung schnell und spart somit Zeit und Dreck.

Der Trick funktioniert auch mit dem Grün von Erdbeeren!

Kaffee mit Anti-Verbrüh-Effekt

Du möchtest deinen Kaffee gleich nach dem Aufbrühen genießen, hast dir dabei aber schon ein paarmal die Lippen oder den Mund verbrannt? So kannst du dir helfen: Das Einzige, was du benötigst, ist eine Eiswürfelform.

Wenn du Kaffee gemacht hast, gibst du den Rest in die Form und diese in das Tiefkühlfach. Den nächsten heißen Kaffee kannst du dann ganz einfach mit den Kaffee-Eiswürfeln auf die gewünschte Temperatur kühlen, ohne ihn zu verwässern. Und wenn du willst, kannst du damit sogar ganz schnell einen Eiskaffee zaubern.

Wein mit Anti-Verwässerungs-Effekt

Derselbe Trick funktioniert natürlich auch mit Wein. Er bekommt die gewünschte Temperatur, ohne zu verwässern!

Salat aufbewahren

Damit dein Salat, auch wenn du ihn eine gewisse Zeit in einer Schüssel aufheben willst, nicht matschig oder welk wird, brauchst du ein Stück Küchenrolle und Folie zum Abdecken.

Bedecke den Salat mit dem Küchentuch und verschließe die Schüssel mit der Frischhaltefolie. Das Küchentuch saugt die überschüssige Feuchtigkeit auf und dein Salat bleibt trocken und frisch.

Alufolie (wie auf dem Bild) eignet sich auch, wenn du keine Frischhaltefolie zur Hand hast. Achte in diesem Fall nur darauf, das Ganze am Ende mit einem Gummi luftdicht zu verschließen.

Kaffeefilter zum Fetten der Pfanne

Der Kaffeefilter eignet sich zum Beispiel hervorragend zum Fetten von Pfannen oder Backblechen. Man schlüpft mit der Hand in den Filter und kann dann wie mit einem Handschuh über die Butter streichen. Danach verteilt man das Fett mühelos in der Form und gleichzeitig bleibt alles sauber.

Eine günstigere Alternative ist das Benutzen eines Blattes Haushaltsrolle.

Milchkarton mit Loch

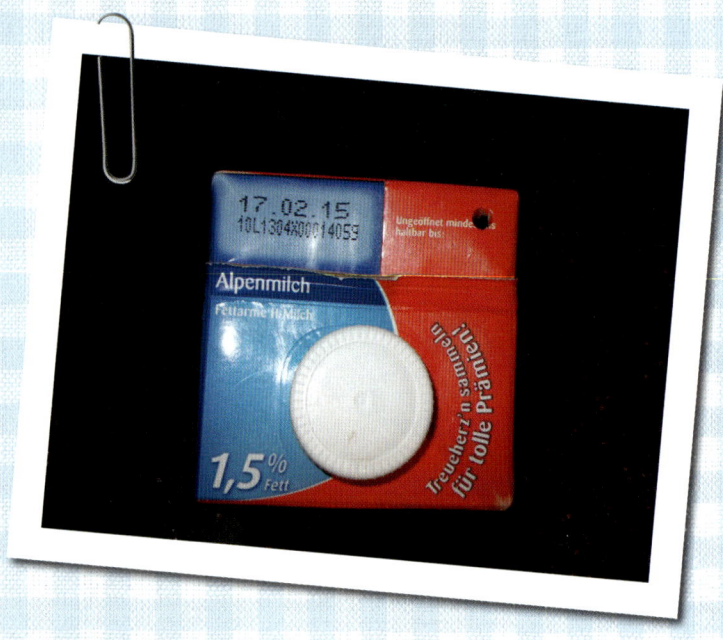

Wenn du in die obere Ecke eines Tetra-Paks ein Loch machst, kommt der Inhalt beim Ausgießen nicht in einem Schwall heraus.

Milch ausschenken

Eine Alternative zu dem Luftloch, das du in die Packung eines Tetra-Paks machen kannst, ist es, die Packung beim Einschenken so zu drehen, dass die Öffnung nach oben zeigt. Die Luft strömt dadurch gleichmäßiger in den Karton und verhindert das unkontrollierte Austreten.

Die Nussnugatcreme wirklich leer bekommen

Dieser Hack ist für die Naschkatzen: Anstatt das beinahe leere Glas der Nussnugatcreme mühsam auszukratzen, kannst du ein paar Löffel Vanilleeis hineingeben und den Rest ganz genüsslich aufessen.

Achtung — dieser Tipp ist nichts für kalorienbewusste Ernährung.

Bagel to go

In einer herkömmlichen Hülle für CDs oder CD-ROMs kannst du einen Bagel aufbewahren. Er passt genau in die Form und der Belag kann nicht verrutschen, da der Stab in der Mitte den Bagel an Ort und Stelle hält. Außerdem ist er somit auch von außen geschützt, du kannst ihn ohne Probleme transportieren und jederzeit verzehren.

Gewürze zerkleinern

Viel einfacher als zum Beispiel Petersilie zu hacken ist es, dem Gewürz mit dem Pizzaroller zu Leibe zu rücken. Es geht schneller, und auch ein ungeübter Koch wird sich so nicht mehr in die Finger schneiden. Das funktioniert natürlich auch mit anderen Kräutern und Gewürzen.

Keks an der Gabel

Es gibt Kekse, die schmecken einfach noch viel besser, wenn man sie in Milch taucht. Damit du dir dabei aber nicht immer die Finger schmutzig machst beziehungsweise damit nicht ein Teil des Kekses in der Tasse landet, brauchst du nur eine Gabel zu benutzen. Der Keks bleibt liegen und die restliche Flüssigkeit verrinnt durch die Zinken der Gabel.

Aber Achtung! Auch mit Gabel fällt der Keks irgendwann herunter, wenn du ihn zu lange in die Milch hältst.

Chips unfallfrei aus der Packung bekommen

Chipsdosen haben die unangenehme Eigenschaft, dass man oft bei dem Versuch, die Chips aus der Röhre zu bekommen, mit den Fingern stecken bleibt und dabei die Chips zerbricht. Oder man versucht es mit Schütten und bekommt nicht nur die Chips, sondern auch gleich eine Ladung Krümel serviert.

Das kannst du ganz einfach verhindern: Nimm ein Blatt Papier, falte es einmal längs in der Mitte und biege es ein wenig. Schon passt das Blatt in die Dose und du kannst die Chips vorsichtig daraufkippen. Dann brauchst du nur noch langsam an dem Papier zu ziehen.

Chipsdose als Spaghettidose

Wenn du deine Chips dann aufgegessen hast – nicht die Dose wegwerfen! Sie eignet sich nämlich perfekt dazu, Spaghetti aufzubewahren. So bleiben sie trocken, können nicht brechen oder aus der Pappschachtel fallen, wenn man sie aus dem Schrank holt.

Zitronen im Marmeladenglas

Wenn du Zitronen für ca. drei Wochen aufgeschnitten in einem geschlossenen Behälter mit Wasser ziehen lässt, erhältst du eine prima Reinigungslösung für Oberflächen, zum Beispiel im Kühlschrank. Dann füllst du sie in eine gebrauchte, gesäuberte Sprühflasche und kannst den Bakterien umweltschonend zu Leibe rücken.

Tiefkühltüte verknoten

Wenn du beim Kochen nicht den ganzen Inhalt einer Tüte brauchst, kannst du die Tüte ohne Hilfsmittel wie Gummi oder Verschlussbändchen wiederverschließen. Schneide einen Streifen der Tüte ab (das kannst du gleich in dem Moment machen, wenn du sie öffnest). Dann nimmst du diesen Streifen, bindest ihn um die Tüte und verschließt sie.

Körbchen im Kühlschrank

Den besten Überblick bekommst du in deinem Kühlschrank, wenn
du die Lebensmittel zusammenpassend in kleinen Körbchen
verstaust. Du weißt immer, wo was zu finden ist. Und wenn
du den Kühlschrank reinigst, brauchst du nur die Körbchen zu
bewegen, das spart viel Arbeit.

Arbeitsfläche vergrößern

Du bekommst Gäste, hast ein 4-Gänge-Menü geplant und stellst fest, dass dir der Platz zum Arbeiten in deiner kleinen Küche fehlt? Kein Problem! Funktioniere eine Küchenschublade zur Ablage um. Solange du darauf nichts schneidest, was stark tropft, hast du ein Stück Arbeitsfläche dazugewonnen.

Fliegenfalle

Um dir die lästigen kleinen Fruchtfliegen vom Hals zu halten, kannst du dir eine Fliegenfalle basteln: Gib die Reste von Obst in eine Schale und verschließe sie mit Frischhaltefolie. (Am besten fixierst du sie mit einem Gummi.) Dann stichst du mit einem Zahnstocher kleine Löcher in die Folie. Die Fliegen werden von dem Geruch angezogen und klettern durch die Löcher in die Schale. Sie finden nicht mehr heraus und sitzen in der Falle.

Topfdeckel platzsparend aufbewahren

Wenn du die kleinen Haken, die man normalerweise im Bad benutzt, in einen Küchenschrank klebst, kannst du daran Topfdeckel aufhängen. Das gibt Überblick, mehr Platz im Schrank und Ordnung.

Sammelordner für Tee

Sammelordner können auch in der Küche zum beliebten Helfer werden. Du kannst darin alles aufbewahren und ordnen, was hineinpasst. Und wenn du dir Ordner aus Holz zulegst, kannst du sie sogar an die Wand hängen und hast auf originelle Weise Platz geschaffen.

Spezialkakao

Ein leckerer Seelentröster gelingt dir so einfach:

Erwärme Milch in einer Tasse, gib (je nach Schokoladenlust) einen oder mehrere Löffel Nussnugatcreme dazu und rühre so lange, bis sich die Schokocreme vom Löffel gelöst hat.

Und dann: genießen!

Viel trinken!

Dieses Problem haben viele: Sie trinken über den Tag verteilt zu wenig, oder sie wissen in ihrem hektischen Alltag gar nicht mehr, wie viel sie überhaupt getrunken haben.

Mit einem wasserfesten Stift kannst du auf einer Flasche genau markieren, was du über den Tag verteilt trinken willst, und im Nachhinein auch überprüfen, ob du dein Pensum geschafft hast.

Sprühflasche mit Essig und Öl

Um deine Speisen überall gleich stark zu würzen, kannst du zum Beispiel Essig und Co. in eine neue Sprühflasche füllen. Der Dunst verteilt sich gleichmäßig über das Gericht.

Für Salate kannst du auch eine Essig-Öl-Mischung mit Salz und Pfeffer anrühren und diese dann in die Flasche füllen. Im Kühlschrank aufbewahrt, hält die Soße länger als eine Woche.

Tomaten schneiden

Wenn du zum Beispiel kleine Tomaten schneiden möchtest, lege sie zwischen zwei Teller und schneide einmal (am besten mit einem großen Messer, das geht leichter) durch die Mitte. Damit sparst du dir viel Zeit und Dreck. Du kannst das natürlich auch mit anderen Lebensmitteln ausprobieren.

Kochlöffel mit Wäscheklammer

Dein Kochlöffel rutscht beim Kochen immer wieder in den Topf? Das kannst du verhindern! Du brauchst nur eine normale Wäscheklammer und schon ist der Löffel am Rand des Topfes fixiert. Trotzdem solltest du möglichst immer nur Holz- oder Silikonlöffel benutzen, sonst könnten sich auf Dauer bei Kochhitze schädliche Stoffe lösen.

Apfel frisch halten

Wenn du für dich oder deine Lieben einen Apfel vorbereiten willst, der aber nicht gleich gegessen wird, benötigst du ein Gummi oder, noch besser, zwei. Schneide den Apfel vor und halte ihn dann wieder in der Ausgangsform mit dem Gummi zusammen. Dadurch kommt weniger Luft an die Schnittflächen und der Apfel wird nicht so schnell braun. Tipp: Schneide ihn nicht ganz durch, du kannst die Stücke später bequem herausbrechen und tust dich leichter, den Apfel zusammenzuhalten.

Unreife Kiwi

Früchte reifen schneller, wenn man sie mit Bananen zusammen lagert. Am besten geht das, wenn du die Frucht, die schneller reifen soll, mit der Banane zusammen in eine Papiertüte legst (eine Brottüte eignet sich am besten).

Bier schnell kühlen

Um zum Beispiel eine Flasche Bier in ca. 15 Minuten eiskalt servieren zu können, brauchst du lediglich ein Blatt Küchenpapier anzufeuchten und um die Flasche zu wickeln. Dann stellst du es in das Tiefkühlfach. Deine Gäste werden sich sehr bald über ein eisgekühltes Getränk freuen können.

Dose mit Strohhalm

Damit der Strohhalm nicht immer von der Kohlensäure der Trinkdose nach oben getrieben wird und am Ende auf dem Tisch oder dem Boden landet, kannst du den Verschluss ein wenig zur Öffnung hindrehen. Dann steckst du den Halm durch die Verschlussöffnung — er wird jetzt von dem Ring festgehalten.

Banane mit Folie

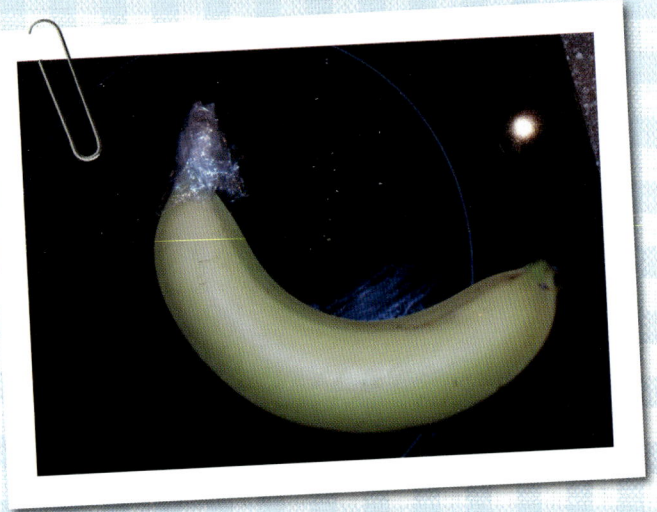

Bananen bleiben länger frisch, wenn du ihre Stiele mit Frischhaltefolie umwickelst!

Keine Tränen mehr beim Zwiebelschneiden

Wer beim Zwiebelschneiden Kaugummi kaut, bekommt keine Tränen mehr in die Augen. Und für diejenigen, die nicht so gerne Kaugummis kauen: Lasse während des Schneidens kaltes Wasser direkt neben dir laufen oder nimm einen Schluck Wasser in den Mund – das hilft auch!

DIE AXT IM HAUS

Farbe im Gurkenglas

Für kleine Auffrischungsarbeiten an der Wand ist es praktisch, etwas Farbe in einem herkömmlichen Gurkenglas aufzubewahren. Es ist handlich, gut verstaubar und immer einsatzbereit. Der große Farbkübel kann also getrost im Keller bleiben.

Gummiband und Schraube

Wenn sich eine Schraube nicht mehr lösen lässt: erst ein handels-
übliches (möglichst breites und flaches) Gummiband darüberlegen,
schrauben — und das Problem ist gelöst. Oft ist der Schrauben-
kopf so abgenutzt, dass der Schraubenzieher nicht mehr greifen
kann. Das Gummiband sorgt hier für mehr Grip.

Pinsel reinigen

Willst du deine Wohnung streichen und die erste Schicht Farbe muss über Nacht trocknen? Du musst in diesem Fall die Pinsel nicht unbedingt aufwendig reinigen, es reicht, wenn du sie mit Alufolie umwickelst. So trocknen sie nicht aus und du kannst am nächsten Tag direkt weitermachen!

Hammer mit Magnet für Nägel

Nägel, die beim Hämmern verloren gehen oder ständig runter-
fallen, gehören der Vergangenheit an: Du brauchst einen
Hammer, Klebstoff und einen kleinen Magneten.

Klebe den Magneten an das untere Ende des Hammerstiels
und hefte dann die Nägel daran. Auf diese Weise sind die Nägel
immer verfügbar, wenn du sie brauchst, und die Suche nach
verloren gegangenen ist vorbei.

Bohrstaub auffangen

Wenn du in Zukunft bohren willst, brauchst du keinen Helfer, der den Staubsauger bedient, um die Putzarbeit danach zu verhindern. Du benötigst ein normales Post-it, faltest es einmal quer und klebst es unter das Bohrloch. Der Staub fängt sich in dem Knick. Post-it nach der Arbeit abziehen, zusammendrücken und in den Müll — fertig.

Pinsel abstreifen

Um kleinere Malerarbeiten zu erledigen, brauchst du in Zukunft nicht mehr das ganze Equipment.

Ziehe ein Gummi über den Farbtopf und schon lässt sich der Pinsel ganz einfach abstreifen. Aber sei vorsichtig, wenn du das Gummi wieder abnimmst. Wenn du es von unten nach oben abhebst, passiert nichts.

Parkettschoner mal anders

Ein witziger Parkettschoner sind kleine Socken (zum Beispiel von einem Kind), die man über die Stuhlfüße ziehen kann. Das Wichtige ist dabei das Bündchen der Socke, es muss straff sein, damit es nicht am Stuhlbein herunterrutscht.

Daumenschonendes Nagelhalten

Halte den Nagel, den du in die Wand schlagen willst, mit einer Wäscheklammer fest. Solltest du danebenschlagen, bleiben deine Finger heil!

Alufolie hinter der Heizung

Alufolie, die du hinter den Heizkörper hängst, reflektiert die Wärme und hilft dir, Energie zu sparen. Gerade übergangsweise äußerst praktisch! Für alle, denen diese Lösung zu provisorisch ist, gibt es im Baumarkt vorgefertigte, beschichtete Platten zu kaufen.

Autoscheibe enteisen

Du kannst deine Autoscheiben vor dem Einfrieren schützen, wenn du sie mit folgender Mischung einsprühst:

- drei Viertel der Flasche mit Wasser befüllen
- ein Viertel Essig dazugeben und schütteln

Ist die Scheibe schon vereist, kannst du die Mischung auch kurz in der Mikrowelle erwärmen und dann aufsprühen. Dann dürfte es kein Problem mehr sein, den Rest der Vereisung zu lösen.

WEG MIT DEM DRECK

Fensterabzieher gegen Tierhaare

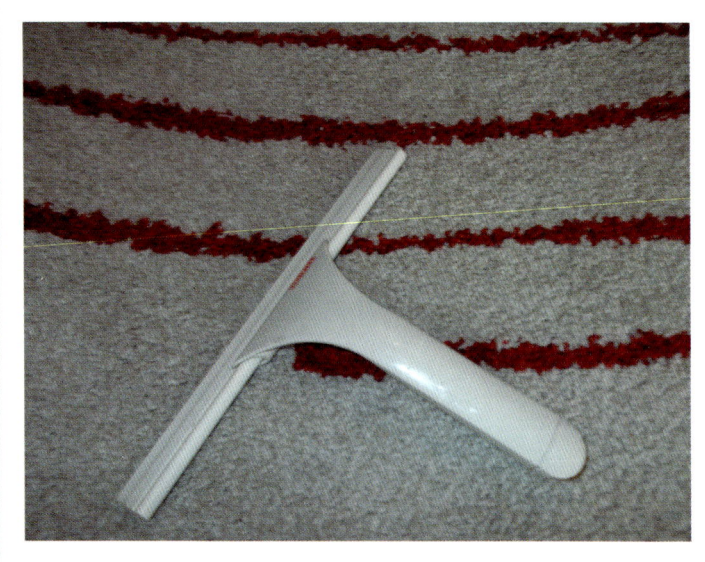

Ein herkömmlicher Fensterabzieher eignet sich perfekt dort, wo der Staubsauger versagt, nämlich wenn man lästige Tierhaare aus dem Teppich bekommen will! Die Gummilippe zieht die Haare aus dem Flor des Teppichs. Keines bleibt zurück!

Legosteine im Wäschenetz

Welche Mutter kennt das nicht: Die Legosteine der Kleinen sind voller Schokolade oder überhaupt klebrig von Süßigkeiten. Mit diesem Trick spart man sich lästiges Abschrubben der Einzelteile. Alles, was man dazu braucht, ist ein Wäschenetz. Lego rein, Waschmaschine im Schongang an — fertig!

Kehrschaufel im Waschbecken

Manchmal hat man nur ein kleines Waschbecken zur Verfügung und das bedeutet dann, wenn man darin einen Putzeimer mit Wasser füllen will, dass oft mehr auf dem Boden landet als im Eimer. Abhilfe schafft dann eine Kehrschaufel, sie leitet das Wasser wie ein Trichter punktgenau dahin, wo man es haben möchte.

Druckstellen im Teppich

Wenn du einen ganz gewöhnlichen Eiswürfel auf eine der hässlichen Druckstellen im Teppich legst, die entstehen, wenn du beispielsweise deinen Couchtisch verschoben hast, kannst du beobachten, wie sich der unliebsame Abdruck in Luft auflöst. Die Fasern richten sich durch die Feuchtigkeit langsam wieder auf. Pass aber auf, dass dein Teppich nicht durchnässt, und entferne den oder die Eiswürfel rechtzeitig!

Mit Kaffeefilter gegen schlechte Gerüche

Gib ca. 3 Esslöffel Backsoda in den Filter und verschließe ihn mit einem Gummiband zu einem kleinen Beutel. Dann legst du ihn in den Kühlschrank und alle unangenehmen Gerüche sind bald verschwunden.

Dieses Prinzip eignet sich auch hervorragend, um schlechte Gerüche aus Schuhen herauszubekommen.

Kaffeefilter als Bildschirmreiniger

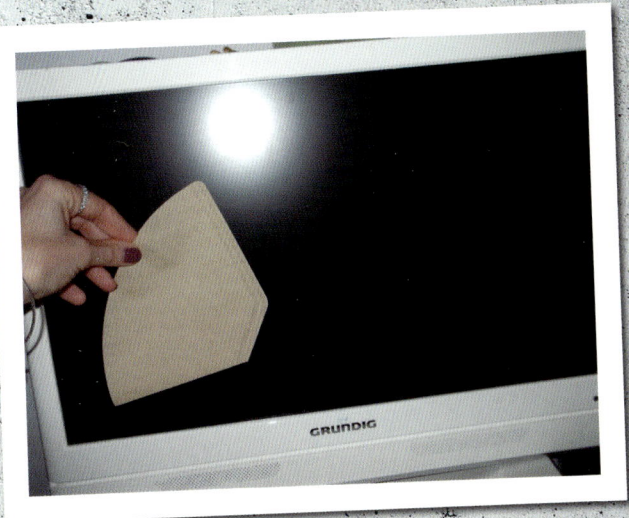

Durch ihre spezielle Beschaffenheit eignen sich Kaffeefilter aber auch hervorragend zum Reinigen von Bildschirmen. Ab einer gewissen Größe des Bildschirms müssen dann natürlich doch wieder die Küchenrollen eingesetzt werden, aber für kleinere Flächen reicht der Filter vollkommen aus. Und der größte Vorteil dieser Reinigungsmethode ist, dass keinerlei Fusseln zurückbleiben.

Kein Gestank mehr im Mülleimer

Um unangenehme Gerüche von Essensresten in deinem Mülleimer zu vermeiden, kannst du zuunterst eine alte Zeitung legen. Sie wird die Gerüche aufnehmen.

Seife in der Schmutzwäsche

Wenn du auf Reisen bist, lege ein Stück Seife in den Teil des Koffers, in dem du deine schmutzige Wäsche aufbewahrst. Damit können unangenehme Gerüche reduziert werden und die saubere Wäsche wird nicht beeinträchtigt.

Duschkopf reinigen

Den Duschkopf reinigst du ganz nebenbei. Dafür brauchst
du einen Gefrierbeutel und Essigreiniger. Fülle den Beutel mit
dem Reiniger und lege den Duschkopf in die Flüssigkeit. Jetzt
dichtest du das Ganze mit einem Gummi ab und lässt es über
Nacht einwirken. Am nächsten Tag ist der Kalk verschwunden –
ganz ohne Putzen.

Zitrone gegen Kalk

Ökologisch und ökonomisch zugleich ist diese Lösung, um deine Armaturen von Kalkflecken zu befreien: Reibe mit einer aufgeschnittenen Zitrone über die Flecken und wische dann mit einem Tuch nach.

Schmuck reinigen

Dieses Life Hack stammt noch aus Großmutters Zeiten.
Was du brauchst:

- ein Stück Alufolie
- Salz
- eine Schale
- kochendes Wasser

Gib das kochende Wasser zusammen mit der Alufolie und ca.
drei Esslöffeln Salz in die Schale. Dann kommt angelaufenes
Silber dazu, wie Schmuck oder Besteck. Nach ein paar Minuten
glänzt das Silber wieder wie neu! Du sparst dir teures Putzmittel, anstrengendes Polieren und Zeit. Gleichzeitig tust du
deinem Silber einen Gefallen, denn diese Methode ist weitaus
schonender, als wenn man den Belag und damit auch immer
etwas vom Silber abpoliert.

Nudelholz als Fusselrolle

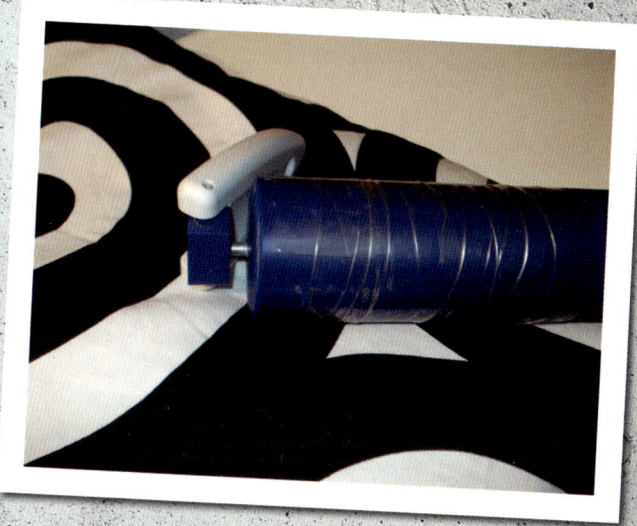

Eine Fusselrolle lässt mit doppelseitigem Klebeband und einem Nudelholz bzw. einem Malerröller leicht selbst basteln. Das Ganze eignet sich aber hauptsächlich für großflächige Unterlagen, wie zum Beispiel Plaids. Für Kleidung empfiehlt sich eine kleine Farbrolle. Funktioniert natürlich auch mit einer gut gespülten leeren Weinflasche.

Selbstreinigender Mixer

Die meisten Menschen überlegen es sich zweimal, ihren Mixer zu benutzen, denn keiner hat Lust auf die mühsame Abspülerei danach. Ab jetzt kannst du deinen Mixer getrost benutzen, wann immer du willst. Danach gibst du etwas Spülmittel hinein und Wasser. Dann mixt du es auf und alles ist wieder sauber.

Schuhe putzen mit Zahnpasta

Mit einer alten Zahn-
bürste und Zahnpasta
bekommst du Gummi-
flächen zum Beispiel
an Turnschuhen leicht
wieder sauber.

Zeitungspapier in Schuhen

Wenn du deine
Schuhe mit Zeitungs-
papier ausstopfst,
werden sie schneller
trocken. Außerdem
wird die Form der
Schuhe erhalten!

Verkrustungen mit Alufolie entfernen

Bei unbeschichteten Schüsseln oder Töpfen kannst du dir den Reinigungsschwamm sparen, wenn du Alufolie zu Hause hast. Mit ihr lassen sich Verkrustungen mühelos entfernen.

Backpulver als Reinigungstab

Dünne Gefäße lassen sich mit dieser Methode ganz einfach reinigen. Fülle Backpulver und Wasser in das verschmutze Gefäß und lasse die Mischung über Nacht einwirken. Am nächsten Tag brauchst es nur noch auszuspülen – fertig.

Mikrowelle reinigen

Die Reinigung einer Mikrowelle gehört auch nicht gerade zu den Dingen, die man gerne tut. Damit du dich nicht mehr mit verkrusteten Essensresten an den Wänden des Gerätes herumärgern musst, stellst du eine kleine Schüssel mit Wasser hinein und erhitzt das Gerät für ca. zwei Minuten. Der Wasserdampf weicht die Reste auf und du kannst sie ohne Anstrengung abwischen.

Dafür eignet sich zum Beispiel auch das angesetzte Zitronenwasser von Seite 54. Dann sind auch die Gerüche verschwunden.

Holzbrett mit Salz und Zitrone

Holzbretter dürfen nicht in die Spülmaschine! Du reinigst sie am besten, indem du grobes Salz daraufgibst und dann mit einer Zitronenhälfte kräftig darüberreibst. Anschließend mit warmem Wasser abspülen, das Brett wird's dir danken.

Schwamm trocknen

Ein Schwamm trocknet schneller und ist damit weniger anfällig für Bakterien und Gerüche, wenn Du ihn mit einer Papierklammer aufstellst oder aufhängst.

Teebeutel gegen Käsefüße

Auch getragene Sportschuhe müssen nicht mehr müffeln, wenn
du einen frischen Teebeutel hineinlegst.

Scheibenwischer wischen

Für eine freie Sicht bei der Fahrt kannst du deine Scheiben-
wischerblätter mit Alkohol oder Essig abwischen. Dreck und
lose Gummiteilchen werden gelöst und entfernt.

Trocknertuch selbst gemacht

Anstelle von teuren Trocknertüchern kannst du einen Kaffeefilter in etwas Essigsäure tauchen oder ihn damit beträufeln.
Zusammen mit der Wäsche im Trockner wirkt die Essigsäure
antibakteriell und beseitigt unangenehme Gerüche. Wem der
Essiggeruch zu stark ist, kann etwas Düftöl mit auf den Filter
geben.

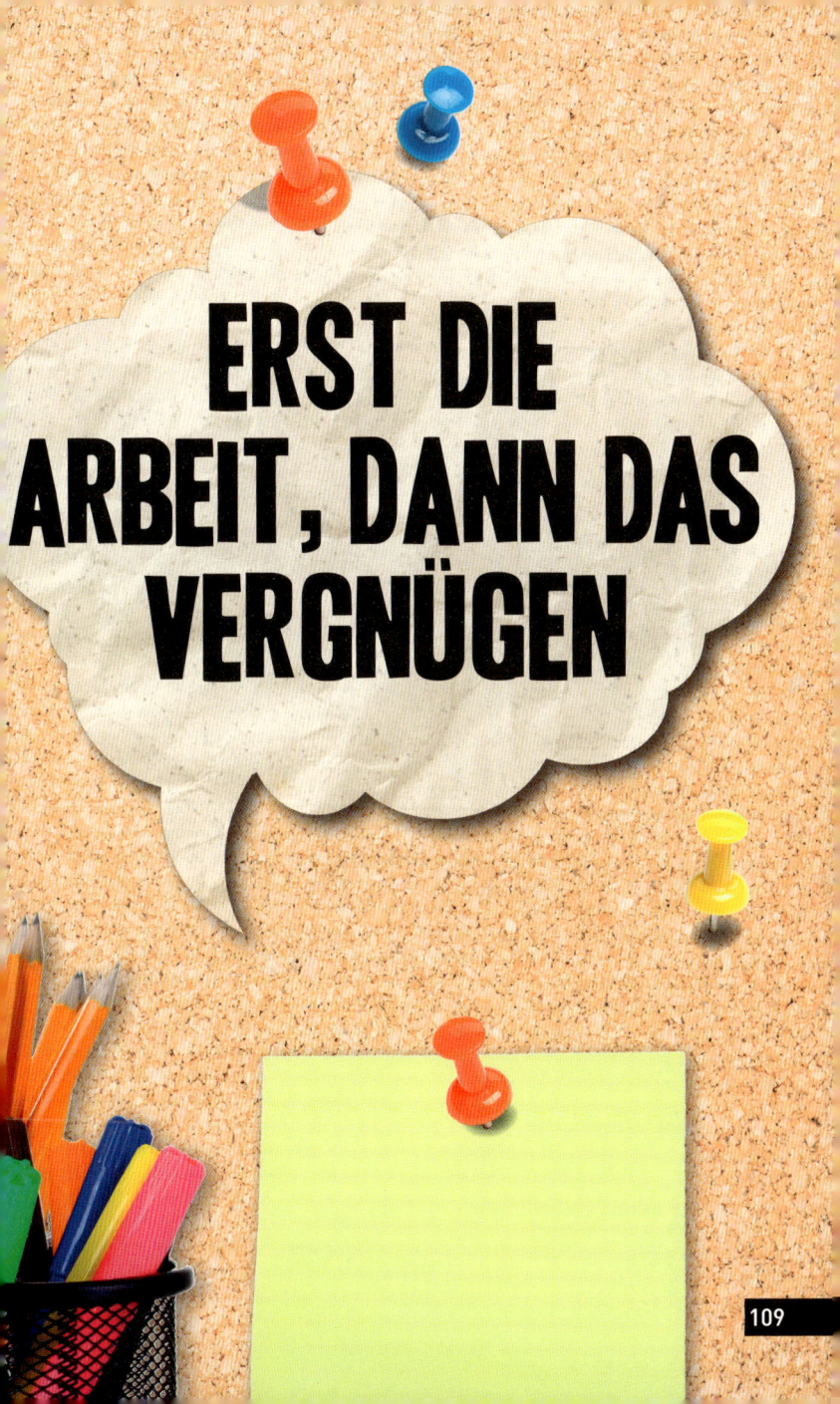

Klebeband mit Büroklammer

Nie wieder den Anfang eines Klebebandes suchen! Wie? Ganz
einfach – klebe eine Büroklammer an den Anfang des Bandes.
So ist er immer sofort und ohne lästiges Suchen zu finden.

Kabelordnen mit Haarklammern

Für kleinere dünne Kabel eignet sich eine Minihaarklammer perfekt, um dem Kabelwust ein Ende zu bereiten.

... oder mit Wäscheklammern

Eine Alternative für alle diejenigen, die keine kleine Haarklammer zur Verfügung haben, ist eine Wäsche-klammer!

Laptopständer

Deinen Laptop kannst du vor Überhitzung schützen, indem du ihn auf einen Eierkarton stellst. Am besten eignen sich die großen Eierkartons. Solltest du keinen solchen haben, genügen zwei normale Zehnerkartons auch völlig. Sollte dir das Ganze nicht stylisch genug sein, kannst du die Kartons natürlich auch problemlos bemalen oder mit Sprühlack verschönern.

Kabelhalter

Papierklammern sind eine perfekte Lösung, wenn es darum geht, deine Kabel zu ordnen. Stecke das Kabel durch eine der Öffnungen der Klammer und befestige diese zum Beispiel an deinem Schreibtisch. Du kannst sie dort festklammern, wenn die Tischkante die richtige Stärke hat. Ist das nicht der Fall, solltest du die Klammer lieber wie hier mit einem Stück Klebefilm am Tisch befestigen, das hält genauso und du vermeidest Schrammen an der Platte.

Ohrstöpsel und Büroklammer

Du hast keine Lust mehr, deine Kopfhörer vor jedem Gebrauch zu entwirren, und willst sie griffbereit haben? Dazu brauchst du nur eine Büroklammer, die du zum Beispiel am Tisch festklebst. Dehne sie etwas und schon sind das Suchen und Entwirren Geschichte.

Gummi am Ladegerät

Dein Ladegerät rutscht dir nicht mehr ständig vom Tisch, wenn du es mit einem Gummiband umwickelst. Der zweite Vorteil: Du kannst mehrere Ladegeräte mit einem Blick unterscheiden!

LIFE STYLE

Handyhalterung

Verhindere Schrammen an deinem Smartphone, indem du einen Schlitz in eine alte Toilettenpapierrolle schneidest. Das Handy ist sicher und du hast einen wesentlich besseren Blick darauf, als wenn es flach auf dem Tisch liegt. Achte darauf, dass der Schlitz nicht zu breit wird, sonst hat das Gerät keinen festen Stand. Wenn du Musik auf deinem Smartphone abspielst, hast du außerdem noch einen praktischen Miniverstärker!

Saubere Zähne

Wenn du nach jedem Kaffee, Tee oder Essen, das den Zähnen schadet, nur einen Schluck Wasser trinkst und ein wenig spülst, verminderst du das Kariesrisiko um ein Vielfaches, und oben-drein bleiben die Zähne von den unschönen Belägen verschont. Du wirst sehen, dass man sich daran ganz schnell und einfach gewöhnen kann.

Koffer mit Schleife

Wenn du keine Zeit im Urlaub damit verschwenden willst, am Gepäckband jeden Koffer, der deinem ähnlich sieht, zu über-prüfen, dann binde ein farbiges Tuch oder Stoffstück gut sichtbar an den Griff. Du kannst schon von Weitem deinen Koffer erkennen und sparst dir Zeit und Nerven.

Sommer, Smartphone, Sonnenbrille

Für diejenigen, die öfter mal ein kleines Video auf ihrem Smartphone sehen wollen oder müssen, ist dieser Hack eine echte Erleichterung. Warum immer etwas suchen, wo man das Handy anlehnen kann, damit man in Ruhe zusehen kann? Lehne dein Handy an deine Sonnenbrille! Es wird halten und du kannst in Ruhe alles sehen.

Notfallkarte

Deponiere eine Karte in deinem Geldbeutel mit den wichtigsten Daten für einen Notfall:

- Blutgruppe
- Allergien
- Wer ist zu kontaktieren?
- Adresse und Krankenversicherung
- Medikamente, die du nimmst

Das erleichtert dem Rettungsdienst die Arbeit und kann dir im Extremfall sogar das Leben retten.

Nie wieder verschlafen!

Für Menschen, die im Halbschlaf den Wecker deaktivieren und dann wieder einschlafen, ist dieser Trick eine willkommene Lösung: Stelle dein Handy abends in ein Glas und schon ist der Zugriff im Schlaf verwehrt.

Verliehenes im Blick behalten

Wie oft ist es dir schon passiert, dass du weißt, du hast eine DVD, ein Buch oder eine CD an einen deiner Freunde verliehen, aber sie kam nie wieder zurück. Leider kannst du dich nicht mehr erinnern, wem du was geliehen hast. Damit ist jetzt Schluss! Ein Erinnerungsfoto mit der Person und dem verliehenen Artikel schafft Klarheit.

Verpackungen leichter öffnen

Wer kennt das Problem nicht? Man hat etwas Neues gekauft und muss sich, bevor man es benutzen kann, zuerst durch die widerspenstige Verpackung arbeiten. Mit einem Dosenöffner ist dieses Problem leicht behoben!

Praktischer Griff für
schwere Tüten

Die schwere Tüte schneidet nicht mehr schmerzhaft in deine
Finger, wenn du sie in einen Karabiner einhängst. Die Auflage-
fläche wird breiter und damit angenehmer. Das funktioniert
auch, wenn du mehrere Tüten hast, dann muss nur der
Karabiner größer sein.

Rasierklinge schärfen

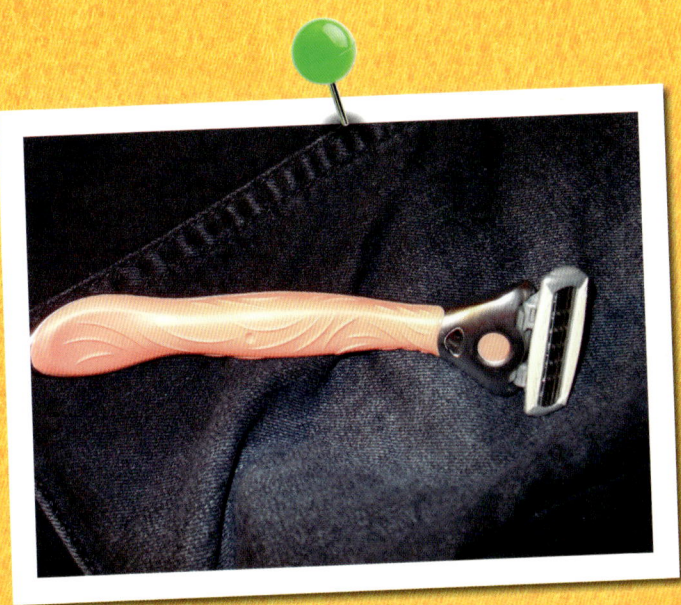

Stumpfe Rasierklingen können mithilfe einer Jeans wieder
geschärft werden. Ziehe die Klinge mit leichtem Druck
(Achtung! Nicht zu fest!) entgegen der normalen Richtung über
den Jeansstoff. Das funktioniert einige Male und du sparst dir
neue Rasierklingen.

Stiefelspanner

Eine leere Wasserflasche ist ein perfekter Stiefelständer! Für eine bessere Stabilität kannst du die Flasche auch mit ein wenig Wasser befüllen.

Schnelle Hilfe gegen Mückenstiche

Wenn du direkt nach einem Mückenstich einen Löffel zur Hand hast, halte ihn unter heißes Wasser. Dann drückst du ihn auf den frischen Stich. Das brennt zwar kurz, jedoch ersparst du dir so tagelanges Jucken!

Kabel im Brillenetui

Es ist ärgerlich, wenn man auf Reisen immer wieder Ladekabel oder Kopfhörer suchen muss. Und noch ärgerlicher ist es, wenn man diese Kabel verliert oder im Hotel vergisst. Deshalb der einfache Tipp: Verstaue deine Kabel in einem Brillenetui und nichts geht mehr verloren.

Pflanzenbewässerung

Deine Nachbarn werden es dir danken, wenn du deine Blumen in Zukunft auch selbst versorgst bzw. sie sich selbst versorgen lässt, wenn du weg bist.

Alles, was du dafür brauchst, sind eine Plastikschale voll Wasser und ein Wollfaden. Wenn du die Schale höher als den Blumentopf platzierst, versorgt sich die Pflanze während deiner Abwesenheit ganz alleine.

Auslaufschutz für Duschgel und Co.

Die Sorge, dass dir dein Shampoo, Duschgel oder Bodylotion auf Reisen dein ganzes Gepäck durchnässt, kannst du getrost über Bord werfen. Schraube oder ziehe vor der Reise den Verschluss ab und lege ein Stück Frischhaltefolie über die Öffnung. Danach setzt du den Deckel wieder an seinen Platz. Die Flasche ist nun dicht.

Gerollte Kleidung

Wenn du deine Kleidung rollst, anstatt sie zu falten, sparst du viel Platz im Koffer. Gleichzeitig schaffst du mehr Überblick und Ordnung. Wenn du ein Teil brauchst, kannst du es einfach aus der Reisetasche nehmen, ohne dabei alles andere durcheinanderzubringen.

Schuhe in Duschhaube

Damit deine Schuhe das andere Gepäck nicht schmutzig machen oder im Koffer herumsegeln, brauchst du eine Duschhaube! So wird der Schmutz ganz einfach aufgefangen.

Klingenschutz für den Rasierer

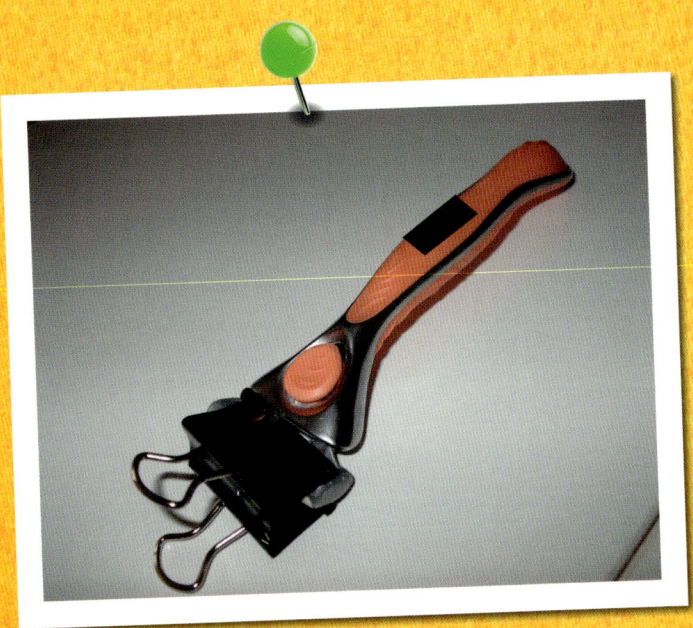

Mit einer Papierklammer über der Klinge deines Rasierers schonst du den Rasierer und vermeidest Verletzungen!

Kette in Strohhalm

Auch in der Schmuckschatulle oder auf Reisen kannst du ganz leicht Ordnung schaffen: Führe deine Ketten durch einen Strohhalm. So können sie sich nicht mehr miteinander verknoten.

Improvisierte Musikboxen

Eine spontane Party entsteht, aber es sind keine Boxen für die Musik zur Hand? Eine simple und schnelle Lösung: Lege ein Smartphone in eine Schüssel und die Klänge werden verstärkt.

Das geht natürlich auch mit anderen Geräten, wie einem MP3-Player usw.

Mückenschutz

Spicke Zitronenhälften mit Nelken und lege sie auf kleinen Untersetzer. Das ist ein hübsches Accessoire auf deinem Partytisch im Sommer, aber vor allem hältst du auf diese Weise lästige Stechmücken fern.

Das Gleiche kannst du im Winter mit Orangen machen, nach kurzer Zeit verbreitet sich ein weihnachtlicher und frischer Duft in deiner Wohnung.

Insektenschutz für Gläser

Damit im Sommer keine böse Überraschung in den Gläsern landet, durchbohrst du Muffin-Förmchen aus Papier und steckst einen Strohhalm durch die Öffnung. Das Getränk kann heraus, aber keine Biene oder andere Insekten hinein!

Geld in der Handyhülle

Dein Handy hast du ja immer bei dir. Wenn du hinter der Hülle
einen Geldschein deponierst, hast du auch ohne Portemonnaie
Geld dabei. Und an dieses Versteck kommt wirklich niemand ran.

Toilettenpapierrolle als Geschenkpapierhalter

Papierrollen aller Art sind am besten in aufgeschnittenen Toilettenpapierrollen aufgehoben. Nebeneinander in einen Karton gelegt, kannst du diese Bastelkiste zum Beispiel unter dein Bett schieben.

Vereistes Schloss aufbekommen

Wenn im Winter die Batterie des Funkschlüssels aufgibt und noch dazu das Schloss eingefroren ist, ist noch nicht aller Tage Abend! Hauptsache, du hast ein Feuerzeug dabei. Erhitze den Schlüssel unter der Flamme und schon kannst du dein Auto ganz leicht aufsperren.

Selbst gemachtes Kunstwerk mit Murmeln

Bei schlechtem Wetter gehen Eltern auch manchmal die Ideen aus, wie sie ihre Kleinen sinnvoll und mit Spaß beschäftigen können. Dieser Life Hack verspricht beides und am Ende ist auch noch ein einzigartiges Kunstwerk entstanden.

Klebe ein Blatt Papier in den Deckel eines alten Schuhkartons, kleckse etwas Farbe darauf und gib die Murmeln dazu. Sobald du den Deckel hin und her bewegst, rollen die Murmeln los und der Spaß kann beginnen.

Besserer Halt für Ohrstöpsel

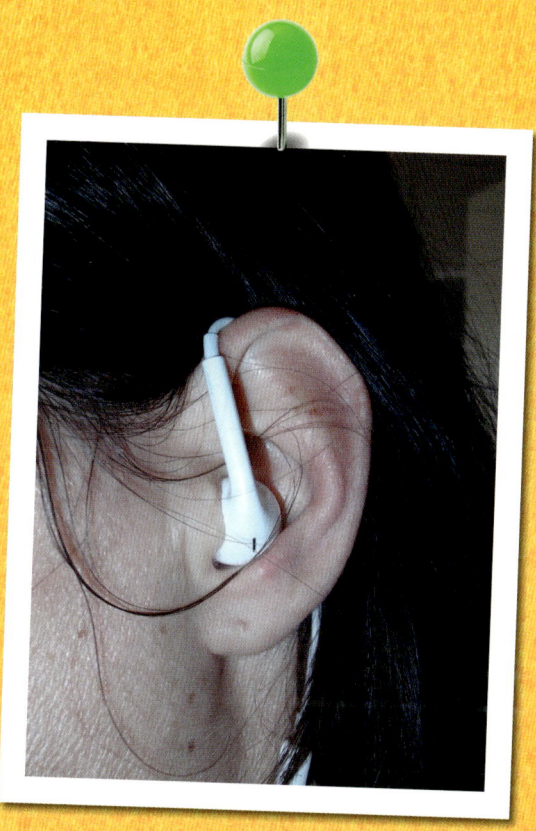

Wenn dir deine Kopfhörer immer wieder aus den Ohren fallen –
probiere es einfach einmal andersherum!

Schlüssel vom Ring bekommen

Damit deine Nägel in Zukunft heil bleiben, wenn du Schlüssel am Schlüsselring wechseln musst, benötigst du einen sogenannten Entklammerer. Mit ihm kannst du ohne großen Kraftaufwand einen Spalt in den Schlüsselring spannen und so die Schlüssel wechseln.

Rasierschaumersatz

Sollte dir beim Duschen auf einmal der Rasierschaum ausgehen
– kein Problem! Benutze zum Beispiel dein Shampoo oder das
Duschgel. Beides eignet sich für eine sanfte Rasur genauso gut
wie Rasierschaum.

Verklebte Nagellackflaschen öffnen

Nach mehrmaligem Gebrauch passiert es oft, dass sich der Deckel des Nagellacks fest mit der Flasche verklebt. Du bekommst ihn ganz leicht wieder auf, wenn du ein Gummi um den Griff wickelst. Das Gummi verschafft zusätzlichen Halt und kann auch eine gute „Stütze" beim Lackieren sein.

Nickel unschädlich machen

Immer mehr Menschen leiden an der sogenannten Nickelallergie. Das kann sich am Jeansknopf bemerkbar machen, aber auch unechter Schmuck kann deswegen schnell zur Qual werden. Um das allergische Jucken zu verhindern, kannst du Hosenknöpfe oder Schmuck mit durchsichtigem Nagellack lackieren. Die Haut hat keinen direkten Kontakt mehr zum Nickel und reagiert nicht.

SPECIAL: TIPPS RUND UM DIE FEIERTAGE

Damit Weihnachten und Co. endlich friedlich und ohne zusätzlichen Stress verlaufen, sind hier ein paar Hacks, die dir das Leben an Festtagen wirklich erleichtern können.

Baumschmuck im Eierkarton

Die kleineren Teile deines Baumschmuckes sind in einem Eierkarton perfekt geordnet. Du musst nicht in Kisten wühlen, um
den gewünschten Schmuck zu finden. Und ein zusätzlicher Vorteil ist die Sicherheit. Auf diese Weise werden die empfindlichen
Teile nicht so leicht beschädigt.

Aufbewahrung der Baumbeleuchtung

Manch einen packt das kalte Grauen, wenn er kurz vor Weihnachten nur daran denkt, dass er bald wieder die endlosen Lichterketten für den Baum entknoten muss.

Dafür gibt es zwei Lösungen, je nachdem, was du zur Hand hast:

1. Wickle die Lichterketten um eine Schachtel (hier wäre eine Metallbox perfekt, dann bleibt alles in Form)
2. Wickle sie um einen Kleiderbügel

Schon brauchst du in Zukunft keine Zeit mehr mit Entknotungskünsten zu verschwenden. Und wenn du verschiedene Arten von Lichterketten hast, siehst du ab jetzt auch sofort den Unterschied.

Plätzchenschachtel selbst gemacht

Wenn du ein außergewöhnliches und dazu komplett selbst gemachtes Geschenk suchst, das einfach und günstig herzustellen ist, bist du hier genau richtig.

Du brauchst:

- eine leere Schachtel, in der zum Beispiel Aluminiumfolie oder Backpapier war
- Farbe oder Packpapier
- Klebestreifen
- Servietten
- Geschenkband
- evtl. einen Goldstift
- ein gutes Rezept für Plätzchen

Wenn du die Plätzchen gebacken hast, beginnst du damit, die Schachtel anzumalen oder mit dem Packpapier zu umwickeln. Dann drapierst du die Servietten und platzierst die Plätzchen darauf. Wenn du die „Plätzchendose" verschließen willst, brauchst du nur noch das Geschenkband zu verknoten.

Gerade bei diesem Life Hack ist es schön und persönlich, wenn man sehen kann, dass alles Handarbeit ist. Deshalb: keine Angst vor kleinen Schönheitsfehlern!

Noch persönlicher wird das Geschenk mit Beschriftung, zum Beispiel, indem du den Namen des Beschenkten mit einem Goldstift daraufschreibst.

Eiscremeverpackung

Damit nach dem Festessen auch zügig das Eis zur Nachspeise serviert und vor allem auch gleich gegessen werden kann, benötigt man nur eine wiederverschließbare Gefriertüte.

Sobald die Eispackung darin im Gefrierfach gelagert wird, ist es immer cremig und sofort essbar.

Der ultimative Weihnachtskarton

Damit vor Weihnachten nicht alle Geschenke irgendwo unter-
gebracht werden müssen, brauchst du nur einen alten Karton,
den du mit Weihnachtspapier einpackst. Auf diese Weise lassen
sich alle Geschenke bequem zum Baum transportieren. Und
nach der Bescherung dient die weihnachtliche Box perfekt als
Mülleimer für all das Papier. Es sieht ordentlich aus und der Clou:
Alles ist schon sortiert für die Recyclingtonne!

Platzkartenhalter aus Süßigkeiten

Wenn du drei der Weihnachtsstöckchen zusammenklebst oder mit Geschenkband zusammenhältst, hast du einmalige und günstige Platzkärtchen. Natürlich kann man die kleinen Halter auch als Hinweisschilder für ein Büfett verwenden, oder man kennzeichnet damit die Geschenke unter dem Baum.

Geschenke hübsch verpacken

Du willst, dass deine Geschenke professionell verpackt aussehen? Benutze doppelseitiges Klebeband statt Tesafilm! Wenn du nun die Ränder noch umklappst, sieht man weder das Klebeband noch unschön abgeschnittene und ausgefranste Ränder.

INDEX